les p'tits
FANTASTIQUES

Un gorille à ma fenêtre

SARAH COHEN-SCALI

ILLUSTRATIONS DE COUVERTURE
ET D'INTÉRIEUR :

PIERRE BRRR

MAGNARD
JEUNESSE

Collection animée par Jack Chaboud

www.magnard.fr

Loi n° 49-956 du 16-07-1949 sur les publications destinées à la jeunesse.

Dépôt légal : mars 2002 - N° d'éditeur : 2002/160

1

TOUR DE CLÉ dans la serrure. Double. Je tambourine à la porte, je crie, je pleure, je sanglote, je supplie :

« Pardon ! Je ne recommencerai plus ! C'est promis ! »

Mes cris restent sans réponse. De l'autre côté de la porte, les pas s'éloignent. Puis c'est le silence. Un silence total : j'ai l'impression d'être dans une boîte dont on a refermé le couvercle.

Cette fois, la punition est tombée. Et, vu le visage de papa lorsqu'il a prononcé la sentence - sourcils froncés, œil noir, lèvres serrées - je sais qu'elle sera sans appel.

Je suis consigné dans ma chambre toute la journée. Un mercredi entier, coincé entre quatre murs!

Ça me pendait au nez depuis longtemps, mais jamais je n'aurais cru que les menaces pouvaient être mises à exécution.

Eh bien, si, c'est possible.

Papa est parti au travail, maman vaque à ses occupations dans l'appartement. J'entends vaguement quelques bruits: la vaisselle qui tinte dans l'évier, l'eau qui coule, les échos d'une conversation téléphonique. Mais tous les sons paraissent feutrés, étouffés, comme si la porte de ma chambre était blindée, comme si elle s'était transformée en une véritable porte de prison.

Et moi, planté au milieu de la pièce, j'ai l'impression de n'être rien d'autre qu'un jouet inanimé et abandonné, semblable à ceux qui sont éparpillés au sol.

Un ver de terre en plastique fixe sur moi son œil morne, un boa en peluche me chatouille l'orteil. Des soldats rangés en colonnes braquent leurs fusils de plastique vers la fenêtre. Un camion de pompiers attend désespérément des piles pour faire chanter sa sirène.

Pas envie de jouer.

Je compte sur mes doigts le nombre d'heures qu'il me reste à passer ici, tout seul : un, deux, trois... J'y renonce vite, il y en a trop.

Qu'est-ce que je vais bien pouvoir faire ? Me remettre au lit et dormir ? Bof ! La grasse matinée, c'est agréable les jours où il y a classe, quand on fait semblant d'être malade et qu'on se faufile avec délice sous la couette en sachant que, pendant ce temps, les copains font une dictée.

Mais, un mercredi, ça n'a pas de sens !

Une douche ? Oui, c'est une idée. Je reste sous l'eau le plus longtemps possible. Je vais même jusqu'à me savonner vraiment, alors que d'habitude je fais seulement semblant. J'essaie de trouver un vague intérêt à souffler sur les bulles de savon.

Mais je m'aperçois que j'ai la peau toute rouge à force de l'avoir frictionnée. Les paumes de mes mains sont fripées comme celles d'un vieillard. Résultat: une demi-heure est passée. La moitié d'une heure. Pas plus.

Je m'habille, puis je me traîne jusqu'à la fenêtre, que j'ouvre en grand. Le soleil entre à flots dans la pièce.

Il entre et moi... je n'ai aucun moyen de sortir! Alors qu'il fait si beau dehors!

Quelle injustice!

Question paysage, ce n'est pas mirobolant: ma fenêtre donne sur le mur d'un immeuble qui fait le coin de la rue. Un grand mur blanc que le soleil frappe de plein fouet. On dirait un écran de cinéma en plein air. Sauf qu'il n'y a pas de séance aujourd'hui.

2

JE M'APPRÊTE à refermer la fenêtre, lorsque j'entends du bruit en bas, dans la rue. Des ouvriers déposent du matériel sur le trottoir : grande échelle, seaux de colle, balais-brosses, ustensiles divers. Puis ils se mettent au travail. Ils vont poser une affiche. Je reprends un peu d'allant : les observer m'aidera à passer un moment. Pourvu que l'affiche soit très grande, comme ça, leur travail durera plus longtemps.

Étape par étape, l'affiche s'esquisse : sur le mur, en bas à gauche, des pots de petits-suisses apparaissent et s'amoncellent. Il y en a au moins une demi-douzaine et ils sont énormes, ils font à peu près deux fois ma taille. Ils semblent plus vrais que nature. À l'intérieur de chaque pot, il y a une délicieuse crème fruitée à la couleur alléchante.

Ça me donne faim. Mais je suis toujours prisonnier : je ne peux même pas filer à la cuisine avaler un petit suisse.

Les ouvriers s'attaquent ensuite à la partie droite du mur : trois autres petits pots surgissent. Mais cette fois, ils sont en relief !

Je m'amuse à tendre le bras au maximum pour essayer de les toucher. Malheureusement c'est impossible, il me faudrait un bras à rallonge.

Les ouvriers reviennent à la partie inférieure du mur. Ce qui s'affiche est un peu moins amusant. Il s'agit simplement d'une phrase :

« MANGE DES PETITS-SUISSES RAVONNE
ET TU DEVIENDRAS FORT COMME... »

Comme quoi ? La phrase est incomplète ! Ah ! Je crois que les ouvriers vont coller maintenant le cœur de l'affiche, car ils sortent de leurs sacs une multitude de carrés de papier, reculent pour bien juger des proportions du mur et badigeonnent leur balai-brosse d'une bonne dose de colle.

Mon moral remonte.

J'ai l'impression d'assister à un vrai spectacle. En tout cas, je me sens moins seul dans ma prison et, accoudé à la fenêtre, j'apprécie la caresse du soleil sur mon visage.

Des doigts de pied se dessinent. Ils sont plutôt bizarres, très longs et tout tordus. Ils agrippent un petit pot vide. Puis vient le pied tout entier…

Non, ce n'est pas un pied, c'est une patte. Une patte gigantesque et affreusement poilue, toute hérissée de poils drus, noirs, très fournis.

Maintenant, l'autre patte apparaît, la droite, qui – je le comprends à l'instant – s'est débarrassée du petit pot qu'elle a envoyé valser par terre.

Cette patte-là tient le petit-suisse enrobé de son emballage tandis que la patte gauche déroule lentement le papier.

Partie centrale du mur : elle est rapidement couverte par un abdomen monumental, un ventre aussi gros qu'une montgolfière, dégoulinant de bourrelets, tout aussi poilu que les pattes qu'il surmonte.

Le soleil s'est voilé.

Rien qu'un passage nuageux, sans doute, mais il n'empêche que je frissonne et qu'en face, sur le mur, le corps du gorille – parce que c'en est un, c'est le jumeau de King Kong en personne ! – paraît plus sombre et d'autant plus menaçant.

Sans pouvoir détacher mes yeux du spectacle, que j'apprécie beaucoup moins que tout à l'heure, je recule vers l'intérieur de la chambre.

Et, pendant ce temps, la gueule du gorille prend forme : une mâchoire énorme et proéminente, ornée de deux rangées de crocs d'une bonne dizaine de centimètres.

Le haut du crâne, tout aplati, est encadré par une cascade de poils hirsutes. Les yeux sont noirs, ronds comme des billes, avec une petite lueur mauvaise. Une fine ligne rouge trace les contours de la pupille. Leur regard est fixe et farouche.

Les oreilles sont grandes et décollées, on dirait les voiles d'un navire.

Le nez, gros, épaté, est doté de deux narines qui ressemblent chacune à l'entrée d'un tunnel.

Ce gorille colossal – huit à dix mètres de haut, et quatre de large – se bâfre de petits-suisses, mais il n'a pas du tout l'air de les apprécier.

Avec l'index de la patte antérieure droite, il se gratte l'arcade sourcilière. Il semble dire : « Je mange, je mange des petits-suisses, parce que je n'ai rien d'autre sous la main… Ça me permet de prendre des forces, de patienter, et après… »

La patte antérieure gauche exhibe des doigts crochus, terminés par des griffes acérées.

Je recule encore. Je voudrais regarder ailleurs, mais je n'y parviens pas. Les yeux du gorille sont animés d'une sorte de lumière qui m'attire, qui m'hypnotise, comme une petite flamme dansante. On dirait… Mais non ! Ce n'est pas possible ! On dirait que les poils, sur son crâne, bougent sous l'effet d'un souffle de vent…

Sans réfléchir, d'un bond en avant, je ferme la fenêtre et baisse les stores.

3

OUF ! Ça va un peu mieux. Pourtant, mon front est toujours couvert d'une sueur glacée, mon T-shirt est trempé par la transpiration. J'ai chaud, j'étouffe et je claque des dents en même temps.

Boum ! Un coup sourd. Comme un grondement de tonnerre larvé. Il vient de la fenêtre. Pour preuve : les stores qui se balancent doucement sous l'effet latent du choc.

IL FAUT QUE JE SORTE DE CETTE CHAMBRE ! ABSOLUMENT !

Je me précipite sur la porte, que je martèle de coups de pied et de coups de poing.

« Maman ! Maman, ouvre-moi ! Il y a un gorille à la fenêtre ! »

Pas de réponse.

Est-ce que maman m'aurait abandonné ? Est-ce qu'elle serait partie faire des courses sans me prévenir ? Je suis pris de panique. J'ai l'impression que je vais m'évanouir.

« MA-MANNN !!! »

Mes cordes vocales se déchirent, tant je hurle. Enfin, des pas résonnent dans le couloir et j'entends la voix de maman.

« Écoute-moi bien, Jérémie ! Tu peux hurler, crier, démolir ta chambre si ça te chante, cette fois, je ne céderai pas ! Je serai inflexible ! Tu ne sortiras pas ! Ça t'apprendra à mentir à longueur de journée !

— Mais, maman, je t'assure qu'il y a un gorille à la fenêtre ! »

Je n'ai plus qu'un pauvre petit filet de voix pour riposter.

« C'est ça ! Hier, c'était un fantôme dans ton lit ! Tu nous as réveillés avec ces sornettes à quatre heures du matin ! Avant-hier, c'était un squelette dans la penderie ! Il y a trois jours, un dinosaure sous la douche ! Que sais-je encore !

— Mais, maman, je t'assure que cette fois, c'est vrai !

— Et de mon côté, je t'assure aussi que cette fois, c'est NON ! DÉ-FI-NI-TI-VE-MENT ! »

Oh ! Comme je regrette, comme je regrette d'avoir menti pour rien ! Et, comble de malheur, il n'y a que ma chambre qui donne sur le grand mur. Aucune autre fenêtre dans l'appartement. Maman ne peut pas vérifier que je dis vrai !

Je reste sans voix. Immobile, tassé contre la porte, aplati, comme le loup dans *Tex Avery*.

4

BOUM ! BOUM !

Les coups se répètent, plus forts, à une cadence plus soutenue. En haut de la fenêtre, la tringle qui retenait les stores dégringole. Derrière la vitre, le gorille apparaît de nouveau. Il fixe sur moi des yeux pleins de colère. Il grogne en grimaçant, puis son poing gigantesque fait voler le carreau en éclats.

« Ma… man… »

Plus aucun son ne sort de ma bouche. Le sol tremble sous mes pieds.

Mon estomac chavire. Ma vue se brouille.

Le gorille introduit la moitié de son corps à l'intérieur de la chambre, piétinant les morceaux de verre, comme si ce n'étaient que de vulgaires bouts de caoutchouc. Son énorme bras se balade à l'aveuglette entre les murs.

Mon bureau s'écroule, mon lit passe en volant à quelques centimètres de ma tête. Les lattes du plancher se fendillent sous le poids de l'intrus.

Le monstre saisit quelques soldats de plastique qu'il fourre dans son horrible gueule et mâchonne avec une grimace de dégoût, comme s'il mastiquait un chewing-gum dont le parfum lui déplairait. Les autres sont balayés d'une chiquenaude et s'envolent par la fenêtre.

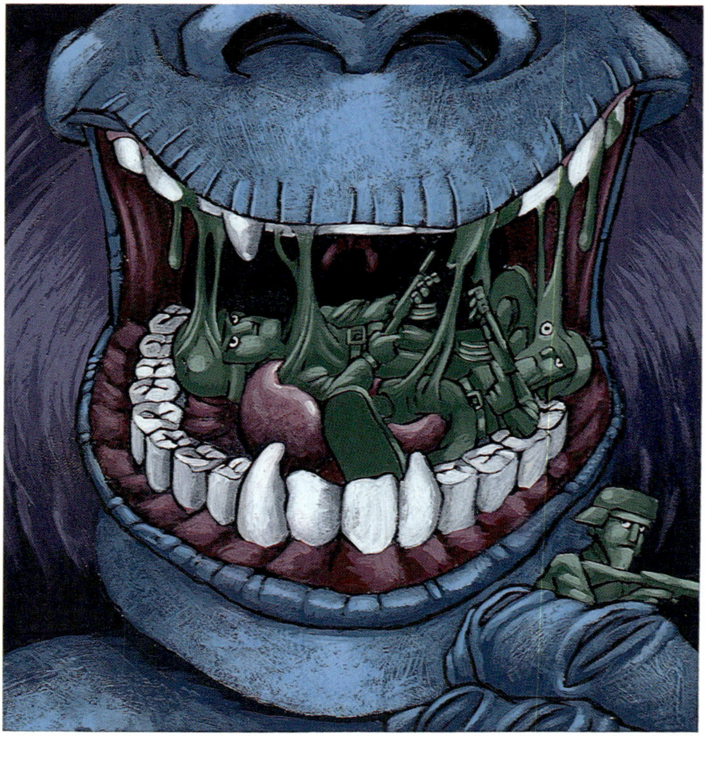

Le bras du gorille s'est maintenant abattu sur le sol, ses doigts crochus attrapent mon ver de terre en caoutchouc, qui disparaît dans le gouffre de sa gueule ouverte en un rien de temps.

Englouti aussi rapidement que le ver de terre, mon boa fait le même sinistre voyage. Quant à mon camion de pompiers, il est écrasé, broyé, réduit en miettes.

Le gorille ouvre la gueule et laisse échapper un hurlement féroce. J'ai beau me boucher les oreilles, ce cri terrible résonne dans mon crâne. C'est insupportable ! Je vais devenir sourd !

Puis, soudain – j'ai à peine le temps de sentir une très vive douleur aux jambes –, je suis soulevé du sol et je me retrouve la tête en bas et les pieds en l'air. Pendant quelques instants, le gorille s'amuse à me balancer d'un bout à l'autre de la pièce. J'ai le tournis. J'ai mal au cœur. J'ai envie de vomir… Dans une espèce de brouillard, j'aperçois de temps à autre la porte, contre laquelle ma tête manque de s'écraser plusieurs fois.

Mais la porte demeure toujours fermée ! Verrouillée !

Le gorille m'entraîne maintenant à l'extérieur. Au passage, un morceau de verre me blesse la joue gauche, et dehors, le vent qui cingle mon visage avive la douleur. En bas, dans la rue, j'aperçois vaguement les gens. Ils sont aussi petits que des fourmis. Et personne n'a l'idée de lever le nez !

Enfin, les doigts qui emprisonnaient mes jambes relâchent leur étreinte.

Je tombe ! Je vais m'écraser sur le trottoir !

AAAH !

5

MON CRI est rapidement étouffé. Et moi aussi, j'étouffe ! J'ai du petit-suisse plein la bouche, les narines, les oreilles. Je brasse, je pédale désespérément à l'aide de mes jambes. J'arrive, tant bien que mal, à remonter à la surface pour prendre une longue inspiration. Je suis tombé dans un pot ! Je parviens à me maintenir à la surface, mais c'est terriblement difficile de nager dans une substance aussi épaisse.

Mes bras me font mal. Mes jambes sont lourdes et j'ai peur de couler de nouveau.

J'essaie tout de même de réfléchir pour trouver une issue. Comment vais-je pouvoir grimper sur les parois du pot ? Elles paraissent si lisses, sans aucun point d'accroche ! Je ne dispose d'aucune corde, rien qui puisse m'aider.

Mais je n'ai pas le temps de réfléchir davantage. Le gorille me saisit de nouveau, me soulève et m'extrait du pot.

Pendant un long moment, il me maintient à quelques millimètres de son visage. Il me souffle son haleine fétide en plein visage. J'ai un haut-le-cœur et je suffoque encore. Lorsqu'il inspire, un vent puissant m'emporte et me fait heurter ses gigantesques narines, dans lesquelles je manque de m'engouffrer.

Et puis… Et puis voilà qu'une nouvelle fois, il ouvre la gueule. Sa langue immense se déroule tel un tapis gigantesque qui m'enveloppe.

Le gorille est en train de lécher la crème dont je suis couvert ! Sans faire la distinction entre mon visage et mon corps !

C'est répugnant !

Après la crème fruitée, je suis enduit d'une salive gluante ! Mais ce n'est rien à côté de ce qui m'attend. Parce que, dans quelques secondes, je serai croqué, tout cru !

Je suis tellement épuisé que je me résigne à mon sort. Plus vite ce sera fait, mieux ce sera ! Dans le ventre du gorille, je rejoindrai mon ver de terre en plastique, mon boa en peluche, mes soldats et mon camion de pompiers. Au moins, je ne serai pas complètement seul !

Sauf que je serai écrabouillé. Réduit en bouillie !

Je ferme les yeux dans l'attente du moment fatidique.

6

J'OUVRE LES YEUX. Mais je ne peux pas les bouger. Ni à gauche, ni à droite, ni vers le haut, ni vers le bas.

Dans mon champ de vision, il y a ma chambre, juste en face de moi. À l'intérieur, j'aperçois maman.

Téléphone en main, elle parle en s'accompagnant de grands gestes de la main. Elle a l'air très inquiète. Je crois même qu'elle pleure. Mais elle ne me voit pas.

Il faut que je l'appelle.

Impossible. Je n'ai plus de voix.

Bon, il faut que je me remue, que je trouve le moyen de regagner ma chambre. Le gorille ne hurle plus. Il a l'air calme. En tout cas, il n'est plus dans mon champ de vision. Mais de la même manière, mes yeux, mes bras et mes jambes sont paralysés.

Impossible de faire le moindre mouvement.

« MANGE DES PETITS-SUISSES RAVONNE ET TU SERAS FORT COMME UN... »

Je me souviens soudain de la phrase inscrite en bas de l'affiche.

Ça y est ! J'ai compris ! Tu deviendras fort comme… Un gorille. Et « tu », c'est MOI !

Je suis collé à l'affiche. Je suis prisonnier de l'affiche. Je fais partie de l'affiche !

Pour combien de temps ? Une journée dans ma chambre me semblait déjà une éternité. Alors, une semaine, un mois, peut-être plus encore, emprisonné sur un mur…

Qu'est-ce que je vais bien pouvoir faire pour passer le temps ?